L'autobus mag

au fond de l'océan

COMMENT ALLER DANS LE PACIFIQUE SUD EN AUTOBUS

Périscope droit devant

Requin, mon ami

Escargots Bigorneaux

Un autobus à la mer!

L'autobus magique

au fond de l'océan

Texte de Joanna Cole
Illustrations de Bruce Degen
Texte français de Lucie Duchesne

Les éditions Scholastic

Données de catalogage avant publication (Canada)

Cole, Joanna
L'autobus magique au fond de l'océan

Traduction de : The magic school bus on the ocean floor.
ISBN 0-439-00494-2

1. Faune marine - Ouvrages pour la jeunesse.
2. Fonds marins - Ouvrages pour la jeunesse.
I. Degen, Bruce. II. Duchesne, Lucie. III. Titre.

QL122.2.C6514 1999 j591.77 C99-930868-8

Pour toute information concernant les droits, s'adresser à Scholastic Inc., 555 Broadway, New York, NY 10012.

L'autobus magique est une marque de commerce de Scholastic Inc. Édition publiée par Les éditions Scholastic, 175, Hillmount Road, Markham (Ontario) Canada, L6C 1Z7.

4 3 2 1 Imprimé au Canada 0 1 2 3 4 0

Pour réaliser les illustrations de ce livre, l'illustrateur a utilisé l'encre de Chine, l'aquarelle, le crayon de couleur et la gouache.

Le nom des créatures et plantes marines ne figure que
la première fois qu'elles apparaissent.

L'auteur et l'illustrateur remercient John D. Buck, Ph.D., professeur d'océanographie au Marine Science Institute de l'Université du Connecticut, pour son aide et ses conseils.

Merci aussi au Docteur Susan Snyder, directrice de programme en formation des maîtres au service d'océanographie de la National Science Foundation, au Docteur Michael Reeve, du service d'océanographie de la National Science Foundation, à Madame Cindy Strong, professeure de biologie marine à la Bowling Green State University, à M. Maxwell Cohen, ainsi qu'au personnel du National Aquarium de Baltimore, du Thames Science Center de New London, Connecticut, et de l'American Museum of Natural History.

À Margo, Bruce, Emily et Beth, avec amour,
J.C.

À maman et papa, en souvenir de nos étés à la mer, B.D.

La journée finissait et il faisait chaud à l'école. Nous avions travaillé des heures à notre projet de sciences sur les océans. Madame Friselis était très fière de notre travail. Nous, nous étions très fatigués et nous avions très chaud.

Eh! qu'il fait chaud ici!

Regarde la robe de Mme Friselis.

Elle donne froid dans le dos!

Protégeons nos océans par Catherine et Philippe

ON N'EST PAS UN DÉPOTOIR!
Les océans

Les enfants nettoient une plage

Le plastique tue des animaux marins

MAQUETTES D'OURSINS
par Grégoire
Je les ai faits avec de l'argile et des cure-dents.

Les oursins se déplacent au fond de la mer. Ils mangent des plantes. Des épines piquantes les protègent.

Voici la photo d'un oursin.

Tu n'as pas envie d'en apprendre plus sur les océans?

En fait, j'ai envie de me déprendre de l'océan...

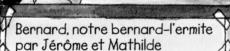

Bernard, notre bernard-l'ermite
par Jérôme et Mathilde

LES BERNARD-L'ERMITE HABITENT DES COQUILLES ABANDONNÉES.
Le bernard-l'ermite trouve une coquille vide. Il s'y installe. Quand il devient trop gros, il cherche une coquille plus grande.

LE MENU DE BERNARD
1. Poisson cru haché
2. Crevettes non décortiquées

TOUS LES OCÉANS DU MONDE SONT EN FAIT UN GROS OCÉAN!
par Véronique
Les océans du monde sont tous reliés et forment un immense océan.

Océan Arctique

Océan Pacifique Nord

Océan Atlantique Nord

Océan Pacifique Sud

Océan Atlantique Sud

Océan Indien

UN IMMENSE OCÉAN

LA TERRE EST UNE PLANÈTE D'EAU
par Wanda
Sur la Terre, il y a plus d'eau que de terre. Les océans couvrent presque les trois quarts de la planète.

9

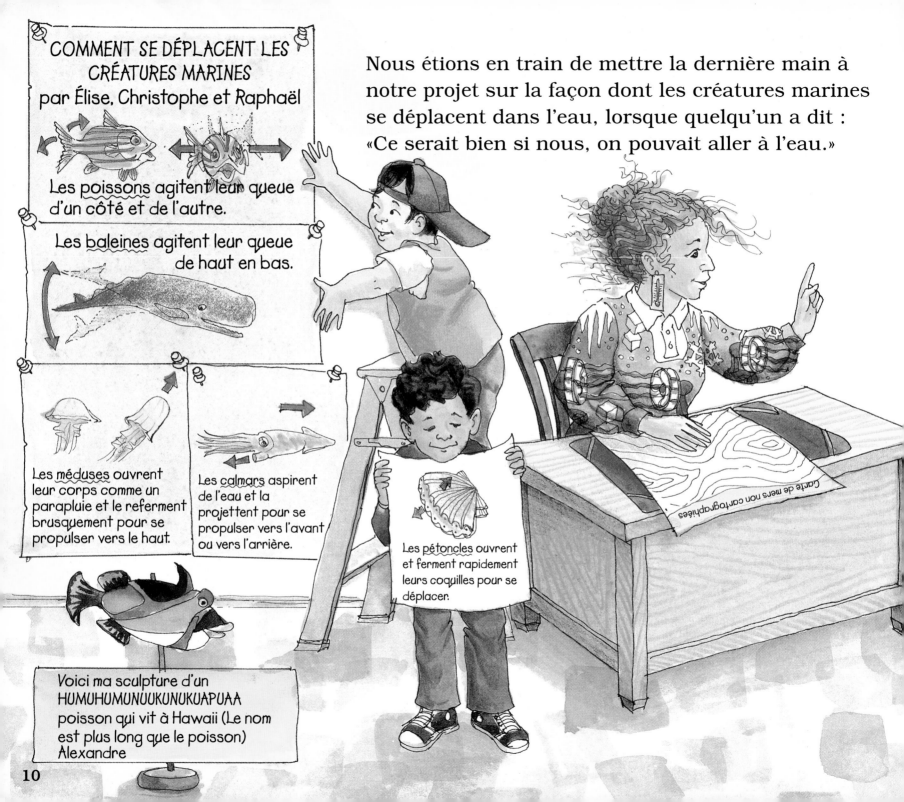

COMMENT SE DÉPLACENT LES CRÉATURES MARINES
par Élise, Christophe et Raphaël

Les poissons agitent leur queue d'un côté et de l'autre.

Les baleines agitent leur queue de haut en bas.

Les méduses ouvrent leur corps comme un parapluie et le referment brusquement pour se propulser vers le haut.

Les calmars aspirent de l'eau et la projettent pour se propulser vers l'avant ou vers l'arrière.

Les pétoncles ouvrent et ferment rapidement leurs coquilles pour se déplacer.

Voici ma sculpture d'un HUMUHUMUNUUKUNUKUAPUAA poisson qui vit à Hawaii (Le nom est plus long que le poisson) Alexandre

Nous étions en train de mettre la dernière main à notre projet sur la façon dont les créatures marines se déplacent dans l'eau, lorsque quelqu'un a dit : «Ce serait bien si nous, on pouvait aller à l'eau.»

Carte de mers non cartographiées

Madame Friselis a levé les yeux et, sans prévenir, nous a dit :
«En fait, les enfants, j'avais prévu une excursion à la mer, pour demain.»
Nous avons tous applaudi. Parfois, ce n'est pas si mal d'avoir une professeure bizarre.

À la mer?

Là où on peut se baigner?

C'est vrai?

Ne pose pas de questions. Prépare-toi, c'est tout.

POURQUOI L'EAU DE MER EST-ELLE SALÉE?

par Thomas

La plupart du sel de l'eau de mer vient des roches.

Les roches contiennent du sel. Quand elles sont usées par l'eau, le sel va dans l'eau.

1m

1m"

1m

sel

16 kg

sel

16 kg

Il y a 32 kg de sel dans 1m3 d'eau de mer.

La plupart du sel contenu dans l'océan est comme le sel que nous mettons dans notre nourriture.

SALADES

REPAS CHAUDS

Le lendemain, tout le monde est arrivé avec son maillot de bain. Nous sommes montés à bord de notre vieil autobus scolaire, et Frisette a fait démarrer le moteur. Nous allions passer une journée au soleil!

12

Lorsque l'autobus est arrivé à la plage, tout le monde se bousculait à la porte pour sortir. Mais savez-vous quoi? Madame Friselis n'a pas arrêté l'autobus. Elle a continué, passant devant la chaise du sauveteur, jusqu'au bord de l'eau.

D'OÙ VIENT LE SABLE?

par Pascale

Le sable se forme lorsque les roches se brisent et s'émiettent en particules. Chaque grain de sable est en fait un minuscule morceau de roche ou de coquillage.

Je suis Ronald le sauveteur. Voici une photo de moi avec un rescapé de 3ᵉ année.

Mmmm...

Hé! où est-ce qu'on va?

Elle devrait se garer dans le stationnement, non?

Mmmmm....

13

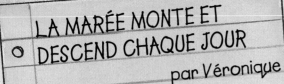

LA MARÉE MONTE ET DESCEND CHAQUE JOUR

par Véronique

Quand l'eau près du littoral monte et devient plus profonde, c'est la marée haute.

Quand l'eau redescend et devient moins profonde, c'est la marée basse.

MARÉE HAUTE — MARÉE BASSE

Les marées sont principalement causées par l'attraction que la gravité lunaire exerce sur la Terre et ses océans.

«Nous entrons dans la zone intertidale, a dit madame Friselis. C'est la partie du littoral qui est recouverte d'eau à marée haute et qui est à sec à marée basse.»

Ici, je sauve une grand-mère et, là, le chien préféré de ma tante.

Mmmm...

Mmmm...

LE SOLEIL

LE SOLEIL
La météo

MANGER
DORMIR
NAGER

La vie dans une mare tidale

Par les fenêtres, nous apercevions des mares tidales - des flaques d'eau qui restent sur le rivage quand la marée descend. Nous espérions que Frisette nous laisserait descendre, mais elle n'en avait pas du tout l'intention. Elle a continué à conduire l'autobus à toute vitesse, tout droit dans l'océan.

NOUS SOMMES ICI

MARE TIDALE
MARÉE HAUTE
MARÉE BASSE
ZONE INTERTIDALE

L'AUTOBUS MARIN

Elle avait dit qu'on allait à la plage.

Non. Elle a dit qu'on allait à la mer.

On s'en va plutôt dans la mer.

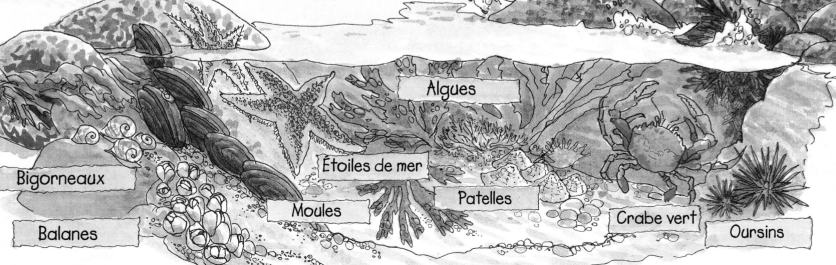

Algues

Étoiles de mer

Bigorneaux

Moules

Patelles

Balanes

Crabe vert

Oursins

Soudain, une étrange vague s'est levée. Madame Friselis a ouvert la porte de l'autobus, et le sauveteur a littéralement été aspiré à l'intérieur.

Par les fenêtres, nous ne voyions que de l'eau qui tourbillonnait. Tout le monde s'est mis à crier et a fermé les yeux.

Goéland

La meilleure façon d'en apprendre plus long sur l'océan est de l'étudier de près.

Pas d'aussi près!

Bonjour. Je suis Ronald, le sauveteur.

Parfait. Je me sens déjà plus en sécurité.

On plonge!

AU SECOURS!

Lorsque nous avons finalement rouvert les yeux, tout était tranquille autour de nous. Nous étions dans l'océan, et certains petits détails avaient changé. L'autobus était devenu un sous-marin, et nous portions tous une combinaison de plongée. Nous aurions pourtant dû le prévoir. C'était encore une de ces excursions de classe farfelues de madame Friselis.

Ne vous inquiétez pas. Je vais vous sauver la vie, c'est mon métier.

Attendez un peu.

Frisette vient à peine de commencer.

Rien ne peut l'arrêter, maintenant.

Thon

Calmar

Flétan

Anémone de mer

18

Au même instant, madame Friselis a commencé à nous parler de l'océan. «Nous passons actuellement sur le plateau continental, a-t-elle dit. C'est la zone qui va du littoral jusqu'à une profondeur de 150 à 200 mètres.»

Les enfants, l'eau devient de plus en plus profonde.

J'ai l'impression que l'autobus a changé...

En eaux troubles

Grondeurs

QU'EST-CE QUE LE PLATEAU CONTINENTAL?
par Carmen

Tout autour des continents du monde, le sol descend dans la mer et est recouvert d'eau. Cette partie du sol immergée s'appelle le plateau continental.

UN NOUVEAU MOT
par Hélène-Marie

Un continent est l'une des principales masses de terre qui composent la Terre.

1. Afrique
2. Antarctique
3. Asie
4. Australie
5. Europe
6. Amérique du Nord
7. Amérique du Sud

NOUS SOMMES ICI

PLATEAU CONTINENTAL

L'AUTOBUS MARIN

19

COMMENT LES POISSONS RESPIRENT-ILS SOUS L'EAU?

par Mathilde

Les humains ont des poumons qui tirent l'oxygène de l'air. Les poissons ont des branchies qui tirent l'oxygène de l'eau.

OXYGÈNE DISSOUS DANS L'EAU

EAU

EAU

LES BRANCHIES TIRENT L'OXYGÈNE

L'EAU PASSE À TRAVERS LES BRANCHIES

L'eau entre dans la gueule du poisson, puis passe par les branchies et s'échappe par des fentes sur les côtés du poisson.

Éponges

Puis madame Friselis a décidé que c'était le moment de nous laisser sortir de l'autobus. Heureusement, nous avions des bonbonnes d'oxygène! Autour de nous, il y avait des poissons, des poissons, une mer de poissons! «La plupart des espèces de poissons se déplacent en grands groupes appelés bancs», a dit madame Friselis.

Un banc de poissons!

Qu'est-ce qu'ils font ici? Ils ont quitté...

... les bancs de l'école!

20

Plus bas, sur le sol boueux, des homards attrapaient des crabes. Des étoiles de mer se servaient de leurs branches pour ouvrir des coquillages appelés bivalves. Et des méduses ondulaient autour de nous, attrapant de petits poissons avec leurs tentacules urticants (ça veut dire brûlants). L'océan était grouillant de vie!

Méduse

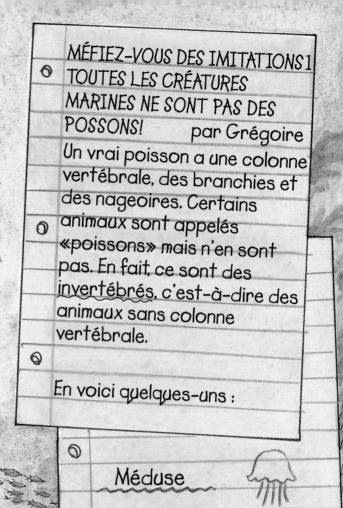

Méduse

Étoile de mer

Coquillages et crustacés

Pétoncle   Moule   Escargot   Crabe

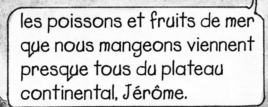

les poissons et fruits de mer que nous mangeons viennent presque tous du plateau continental, Jérôme.

Je pensais qu'ils venaient du supermarché.

Crabe bleu

Homard

Buccins

Étoile de mer

Bivalve

Pétoncles

Laminaire sucrée

QU'EST-CE QUE LE PLANCTON?
par Jérôme

Le plancton est une masse de plantes et d'animaux qui flottent près de la surface de l'océan. La plupart du temps, ces créatures sont toutes petites et on peut les voir seulement au microscope.

Madame Friselis nous a expliqué qu'il y avait même dans l'eau des créatures invisibles à l'œil nu. Elle a sorti un microscope et nous a fait examiner l'eau de mer.
Nous avons alors aperçu des créatures étranges.
«Les enfants, a-t-elle annoncé, ces êtres vivants minuscules sont du plancton.»

Il existe deux sortes de plancton, les enfants. Le phytoplancton et le zooplancton.

Oh là là! quel délicieux phytoplancton!

Miam, miam!

Algues rouges

Zooplancton

Phytoplancton

LES REQUINS SONT DES POISSONS   par Simone

La plupart des requins nagent rapidement et ont des dents acérées. D'habitude, ils mangent des créatures marines comme les crabes, les poissons, les phoques – et même d'autres requins.

QUELQUES ESPÈCES DE REQUINS

Requin blanc →

← Requin-marteau

Requin renard →

Requin nourrice →

UN SQUELETTE DIFFÉRENT   par Raphaël

Les requins n'ont pas d'os, comme les autres poissons. Leur squelette est fait de cartilage. C'est la même substance flexible que tu as dans le pavillon de tes oreilles et au bout de ton nez.

Oh non! C'étaient des requins-tigres! Madame Friselis nous a recommandé de ne pas nous énerver, parce que la plupart des requins ne mangent pas les humains. «Il y a très peu de gens qui sont dévorés par les requins», a-t-elle dit.
Mais cela ne nous a pas réconfortés.

Requins-tigres

D'habitude, les requins-tigres ne mangent pas les humains, mais ils peuvent attaquer des humains à proximité!

Oh! Oh! nous sommes à proximité!

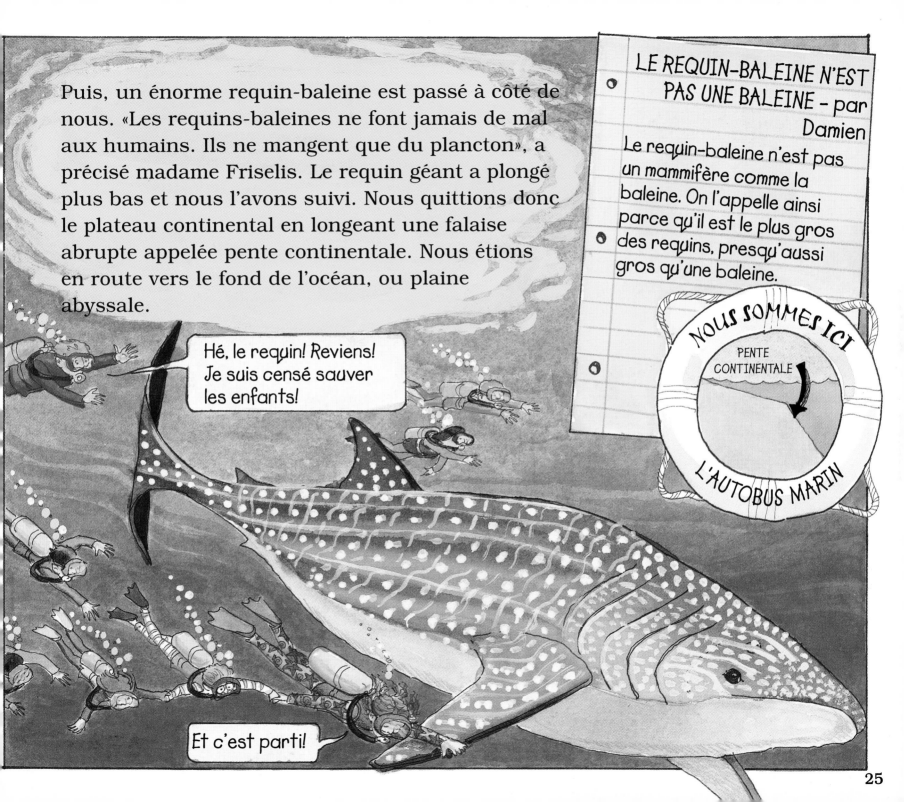

Puis, un énorme requin-baleine est passé à côté de nous. «Les requins-baleines ne font jamais de mal aux humains. Ils ne mangent que du plancton», a précisé madame Friselis. Le requin géant a plongé plus bas et nous l'avons suivi. Nous quittions donc le plateau continental en longeant une falaise abrupte appelée pente continentale. Nous étions en route vers le fond de l'océan, ou plaine abyssale.

LE REQUIN-BALEINE N'EST PAS UNE BALEINE – par Damien

Le requin-baleine n'est pas un mammifère comme la baleine. On l'appelle ainsi parce qu'il est le plus gros des requins, presqu'aussi gros qu'une baleine.

NOUS SOMMES ICI

PENTE CONTINENTALE

L'AUTOBUS MARIN

Hé, le requin! Reviens! Je suis censé sauver les enfants!

Et c'est parti!

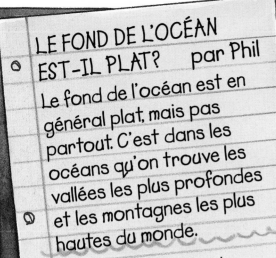

LE FOND DE L'OCÉAN EST-IL PLAT? par Phil

Le fond de l'océan est en général plat, mais pas partout. C'est dans les océans qu'on trouve les vallées les plus profondes et les montagnes les plus hautes du monde.

Une vallée sous-marine s'appelle une fosse abyssale.

La fosse abyssale la plus profonde qu'on a découverte a plus de 11 km de profondeur.

LES ÎLES SONT DES SOMMETS DE MONTAGNES par Jérôme

Quand le sommet d'une montagne sous-marine sort de l'eau, on dit que c'est une île.

> Regarde! une île!

> Regarde! une montagne!

Après un moment, le requin baleine s'est éloigné, mais Frisette a continué à descendre. L'eau était glaciale et noire comme de l'encre. La lumière du soleil ne pouvait se rendre aussi profond. Madame Friselis a allumé sa lampe de poche et, quand nous nous sommes approchés de l'autobus, nous avons remarqué qu'il avait encore changé de forme.

> Tu n'as pas peur du noir, Jérôme?

> Qui, moi? C'est ma couleur préférée. J'adore le noir. On peut retourner à la maison?

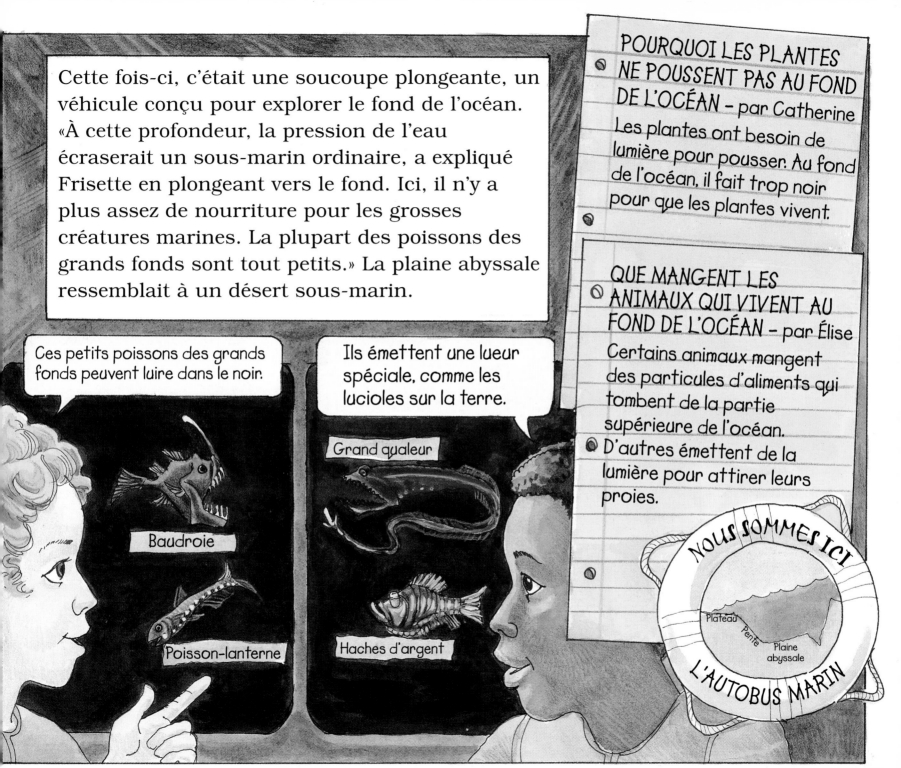

Cette fois-ci, c'était une soucoupe plongeante, un véhicule conçu pour explorer le fond de l'océan. «À cette profondeur, la pression de l'eau écraserait un sous-marin ordinaire, a expliqué Frisette en plongeant vers le fond. Ici, il n'y a plus assez de nourriture pour les grosses créatures marines. La plupart des poissons des grands fonds sont tout petits.» La plaine abyssale ressemblait à un désert sous-marin.

Ces petits poissons des grands fonds peuvent luire dans le noir.

Ils émettent une lueur spéciale, comme les lucioles sur la terre.

Baudroie

Poisson-lanterne

Grand qualeur

Haches d'argent

POURQUOI LES PLANTES NE POUSSENT PAS AU FOND DE L'OCÉAN – par Catherine
Les plantes ont besoin de lumière pour pousser. Au fond de l'océan, il fait trop noir pour que les plantes vivent.

QUE MANGENT LES ANIMAUX QUI VIVENT AU FOND DE L'OCÉAN – par Élise
Certains animaux mangent des particules d'aliments qui tombent de la partie supérieure de l'océan.
D'autres émettent de la lumière pour attirer leurs proies.

NOUS SOMMES ICI
Plateau
Pente
Plaine abyssale
L'AUTOBUS MARIN

27

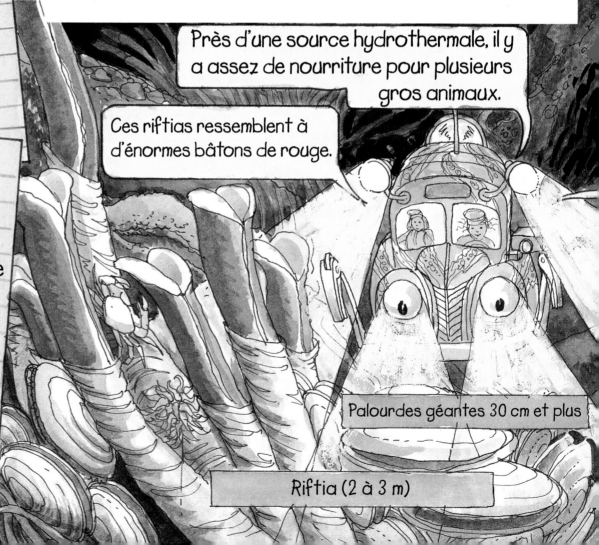

D'OÙ VIENNENT LES ?
HYDROTHERMALES? – par Alexandre

Ces cheminées sont formées quand l'eau de mer s'infiltre dans les fissures du fond de l'océan. L'eau entre en contact avec de la roche extrêmement chaude, à l'intérieur de la Terre. Puis l'eau chaude est expulsée par la cheminée.

Eau

Lave

COMMENT SE FABRIQUE LA NOURRITURE, PRÈS D'UNE SOURCE HYDROTHERMALE?

par Élise

Des bactéries spéciales fabriquent leur propre nourriture en utilisant l'énergie produite par la chaleur et le sulfure d'hydrogène qui sort de la cheminée. C'est cette nourriture qui assure la plupart de la vie marine près de la cheminée.

Plus loin devant, nous avons aperçu un endroit grouillant de vie. C'était comme un jardin sous-marin peuplé d'animaux bizarres. «C'est une source hydrothermale, les enfants, a dit Frisette. Cette cheminée est une ouverture dans le fond de l'océan. De l'eau très chaude mélangée à un gaz, le sulfure d'hydrogène, s'en échappe.»

Près d'une source hydrothermale, il y a assez de nourriture pour plusieurs gros animaux.

Ces riftias ressemblent à d'énormes bâtons de rouge.

Palourdes géantes 30 cm et plus

Riftia (2 à 3 m)

Madame Friselis nous a expliqué qu'il existait de nombreuses autres cheminées de ce genre au fond de l'océan. «Malheureusement, nous ne pourrons pas les explorer», a-t-elle ajouté. Puis elle a poussé un levier sur le tableau de bord, et l'autobus a filé vers la surface.

Ces vers ressemblent à des spaghettis.

Quand est-ce qu'on mange?

Arrête, ça me coupe l'appétit.

Cette anémone de mer a l'air d'un pissenlit.

Anémone (5cm)

Couche de bactéries (1m d'épaisseur)

Vers-spaghettis

Crabes et crevettes des fumeurs (jusqu'à 30 cm)

QUAND A-T-ON DÉCOUVERT LES SOURCES HYDROTHERMALES?

par Christophe

Ce n'est que depuis les années soixante-dix qu'on connaît l'existence des sources hydrothermales. Avant, les océanographes n'avaient jamais pu voir de gros animaux comme ceux-ci au fond de l'océan.

COMMENT NAÎT UN RÉCIF DE CORAIL – par Mathilde

Chaque polype produit un squelette. Le récif est fait d'une couche de polypes vivants fixés à une masse composée de plusieurs millions de squelettes de polypes morts.

Grosseur réelle de polypes coralliens typiques

Chaque petit cercle représente un polype

COMMENT LES POLYPES SE NOURRISSENT – par Véronique

La plupart des coraux se nourrissent la nuit. De minuscules bras sortent du squelette calcaire d'un corail. Les bras attrapent du plancton et le portent à la bouche du corail.

BOUCHE

BRAS

SQUELETTE

POLYPE LE JOUR

LE MÊME POLYPE LA NUIT

Et nous nous sommes retrouvés à la surface de l'océan, filant vers une île ensoleillée. L'autobus s'était transformé en bateau à fond transparent! À travers le plancher, nous voyions quelque chose qui ressemblait à des rochers tout colorés. Madame Frisette nous a dit que c'était un récif de corail, fait de minuscules animaux appelés polypes. Nous avons plongé pour explorer les environs.

N'allez pas trop loin! Je n'ai pas fini de vous sauver!

Avait-il commencé à nous sauver?

Il fait de son mieux, voyons.

Plumes de mer

Le récif était composé de nombreuses espèces différentes de coraux. Certains ressemblaient à des arbres avec des branches, d'autres à des éventails ou à des doigts. Et certains ressemblaient même à des cerveaux humains!

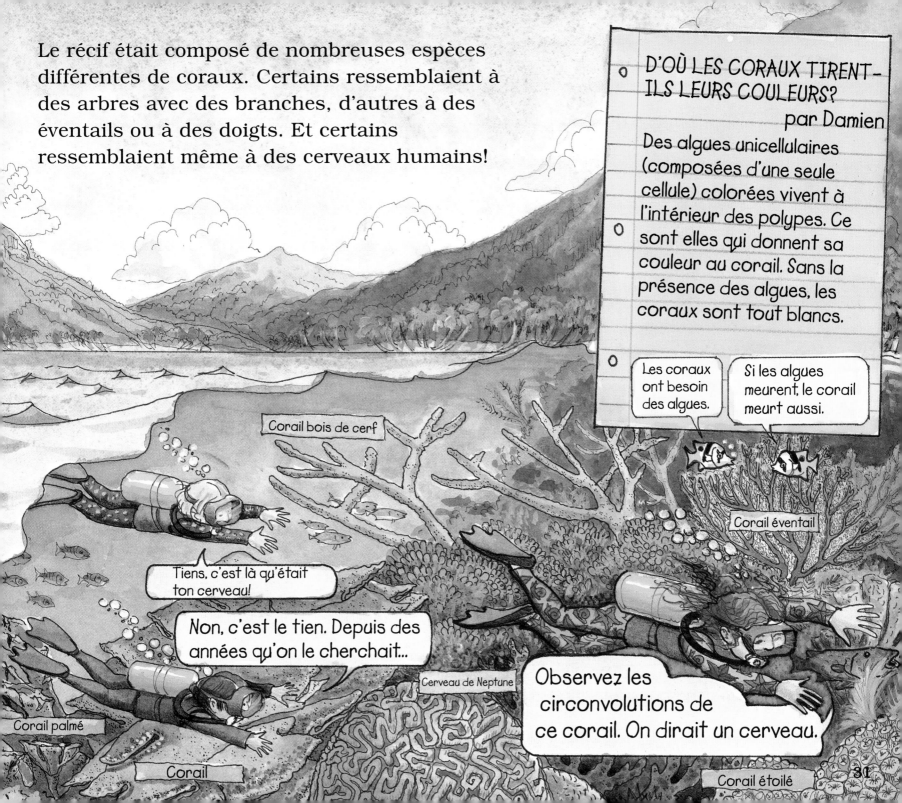

D'OÙ LES CORAUX TIRENT-ILS LEURS COULEURS?
par Damien

Des algues unicellulaires (composées d'une seule cellule) colorées vivent à l'intérieur des polypes. Ce sont elles qui donnent sa couleur au corail. Sans la présence des algues, les coraux sont tout blancs.

Les coraux ont besoin des algues.

Si les algues meurent, le corail meurt aussi.

Corail bois de cerf

Corail éventail

Tiens, c'est là qu'était ton cerveau!

Non, c'est le tien. Depuis des années qu'on le cherchait...

Cerveau de Neptune

Observez les circonvolutions de ce corail. On dirait un cerveau.

Corail palmé

Corail

Corail étoilé

TROIS TYPES DE RÉCIFS DE CORAIL par Thomas

1. Un récif frangeant est relié à la côte.

VU DU HAUT   VU DE CÔTÉ

RÉCIF

2. Un récif barrière est séparé de la côte par de l'eau.

EAU

3. Un atoll est un anneau de corail autour d'un volcan inactif submergé.

VOLCAN SUBMERGÉ

NOUS SOMMES ICI

Île

Récif frangeant

MARIN

Mme Friselis et ses élèves sont sur un récif frangeant fixé au rivage d'une île.

«Les récifs de corail abritent beaucoup de plantes et de créatures marines», a dit Frisette.

Nous avons aperçu des crabes et des homards, de grosses anguilles et des pieuvres, des limaces de mer et des oursins, sans parler des poissons les plus colorés du monde marin.

Souriez, tout le monde!

Je suis une vedette, une étoile!

Murène

Pétoncle géant

Nudibranche

Mais madame Friselis nous a dit que c'était le moment de partir. Comme personne ne voulait rester là, nous sommes tous montés à bord. Frisette a appuyé sur l'accélérateur, et l'autobus s'est remis en marche en faisant péniblement *teuf-teuf*.

33

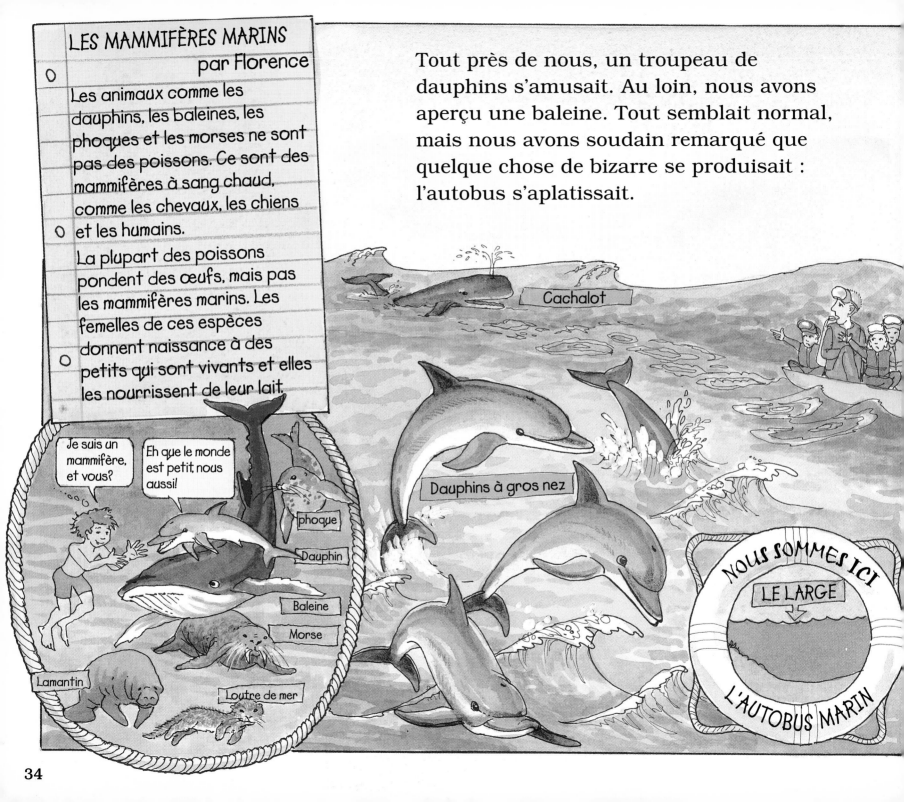

LES MAMMIFÈRES MARINS
par Florence

Les animaux comme les dauphins, les baleines, les phoques et les morses ne sont pas des poissons. Ce sont des mammifères à sang chaud, comme les chevaux, les chiens et les humains.

La plupart des poissons pondent des œufs, mais pas les mammifères marins. Les femelles de ces espèces donnent naissance à des petits qui sont vivants et elles les nourrissent de leur lait.

Tout près de nous, un troupeau de dauphins s'amusait. Au loin, nous avons aperçu une baleine. Tout semblait normal, mais nous avons soudain remarqué que quelque chose de bizarre se produisait : l'autobus s'aplatissait.

Comme d'habitude, madame Friselis était la seule à rester calme. Elle nous a conduits le long d'un courant océanique sur lequel nous avons vogué pendant des milliers de kilomètres. Enfin, nous avons aperçu notre plage.

DES RIVIÈRES DANS L'OCÉAN   par Pascale
Certaines parties de l'océan se déplacent comme des rivières. Ces régions mouvantes sont des courants océaniques.

Heu... les enfants, est-ce que votre autobus est toujours comme ça?

Eh bien, il n'a jamais été un bateau avant...

Et il n'a jamais été plat avant...

Mais à part ça, il n'a pas changé.

Restez en équilibre, les enfants.

POURQUOI LES GROSSES VAGUES SE «BRISENT-ELLES» PRÈS DU RIVAGE?

par Carmen

Dans les eaux peu profondes, la vague entre en contact avec le fond et ralentit à cause de la friction. La partie supérieure continue à avancer rapidement, alors elle passe par-dessus et se brise.

LE DESSUS CONTINUE À UNE VITESSE RAPIDE

LE DESSOUS RALENTIT

«Que tout le monde reste à bord de l'autobus!» a crié Frisette.

À bord... façon de parler. L'autobus était devenu une planche géante!

C'est le plus beau sauvetage de ma carrière.

Félicitations, Ronald!

Pélicans

On savait que tu en étais capable!

Et nous devions essayer de nous y accrocher, sur une vague géante qui nous amenait tout droit vers le rivage!

Nos combinaisons de plongée avaient disparu. L'autobus était redevenu comme avant, dans le parc de stationnement, comme si rien ne s'était passé. Nous avons remercié Ronald et nous sommes repartis.

De retour à l'école, nous avons préparé un supertableau de l'océan que nous avons affiché au mur de notre classe.

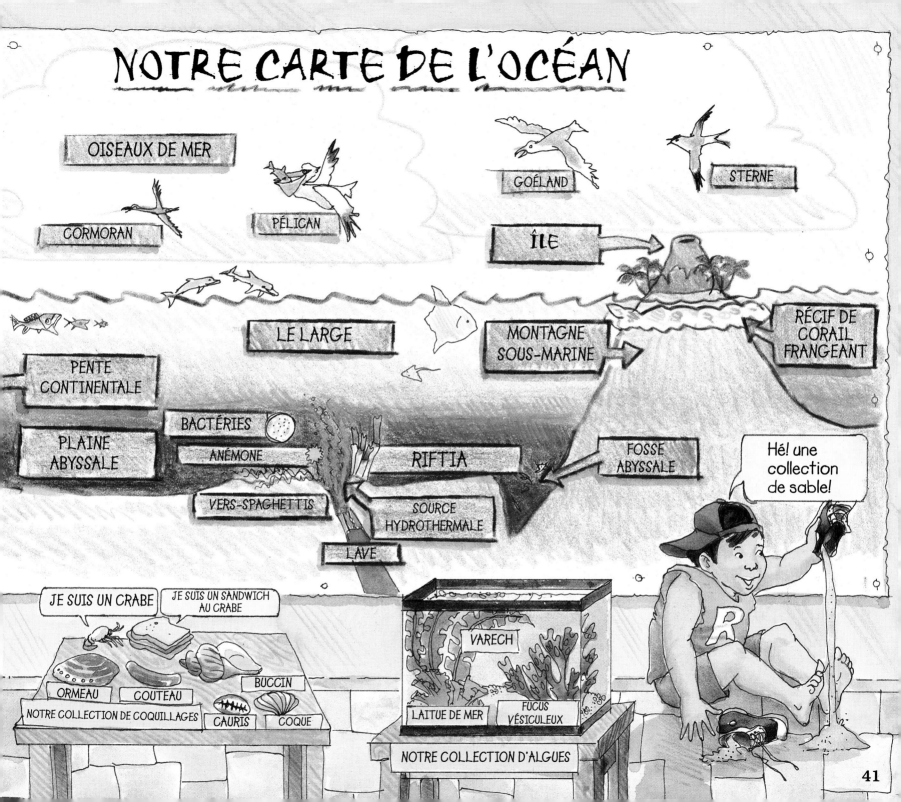

NOTRE CARTE DE L'OCÉAN

OISEAUX DE MER

GOÉLAND

STERNE

CORMORAN

PÉLICAN

ÎLE

LE LARGE

MONTAGNE SOUS-MARINE

RÉCIF DE CORAIL FRANGEANT

PENTE CONTINENTALE

PLAINE ABYSSALE

BACTÉRIES

ANÉMONE

RIFTIA

FOSSE ABYSSALE

Hé! une collection de sable!

VERS-SPAGHETTIS

SOURCE HYDROTHERMALE

LAVE

JE SUIS UN CRABE

JE SUIS UN SANDWICH AU CRABE

VARECH

BUCCIN

ORMEAU

COUTEAU

NOTRE COLLECTION DE COQUILLAGES

CAURIS

COQUE

LAITUE DE MER

FUCUS VÉSICULEUX

NOTRE COLLECTION D'ALGUES

41

Après toutes ces péripéties, nous n'avions plus qu'une seule envie : aller nous reposer à la maison. Et comme c'était vendredi, ça tombait drôlement bien!

Je suis fatiguée... et dire que mon père m'amène à la plage, demain!

Ne t'en fais pas, on annonce de la pluie.

Fiou!

Le buccin est un gastéropode (estomac-pied) par Christophe

Mon bivalve (2 valves) préféré

l'huître par Wanda

Méduse par Thomas

Ma limace de mer par Grégoire
Ma limace de mer ne fait pas de grimaces

PIEUV par Flore

TEST À CHOIX MULTIPLES

Trouve ce qui est vrai et ce qui est faux!

Tout d'abord, lis la question. Ensuite, lis les trois réponses (a, b, c). Choisis ta réponse et, pour savoir si tu as trouvé la bonne, consulte les solutions données à la page suivante.

QUESTIONS

1. Pour de vrai, qu'est-ce qui se passerait si un autobus scolaire plongeait dans l'océan?
   a. L'autobus se transformerait en sous-marin, puis en soucoupe plongeante, puis en bateau à fond transparent et, enfin, en planche de surf.
   b. L'autobus ne changerait pas de forme.
   c. L'autobus se transformerait en bouteille de mousse pour le bain.

2. Est-il possible d'explorer tout l'océan en une seule journée?
   a. Oui, si on voyage à dos d'étoile de mer.
   b. Non, c'est impossible en un seul jour. Il te faudrait des mois, quel que soit ton moyen de locomotion.
   c. Peut-être. Ça dépend du nombre d'heures qu'il y a dans une journée.

3. Est-ce que les créatures marines peuvent vraiment parler?
   a. Oui, mais seulement quand elles ont quelque chose d'important à dire.
   b. Oui, mais ça fait bien des bulles.
   c. Non, les créatures marines ne peuvent pas parler.

RÉPONSES :

1. La réponse est **b**. Un autobus ne peut pas par magie se transformer en un autre véhicule. Un autobus ne peut pas aller sous l'eau, car l'eau s'infiltrerait à l'intérieur et le ferait sombrer.

2. La réponse est **b**. Il faut beaucoup de temps pour parcourir des milliers de kilomètres sous l'eau. Même les baleines prennent des mois à migrer d'une partie de l'océan à l'autre.

3. La réponse est **c**. Beaucoup de poissons produisent des sons, et on croit que les baleines et les dauphins communiquent d'une façon spéciale. Mais les créatures marines n'utilisent pas de langue humaine, et personne n'a jamais entendu une étoile de mer raconter une histoire drôle.

Joanna Cole n'a jamais exploré le fond de l'océan à bord d'un autobus scolaire, mais elle a passé bien des étés au bord de la mer. Madame Cole est née au New Jersey (États-Unis), et elle a bien des souvenirs de bord de mer : elle collectionnait les coquillages et les crabes, construisait des châteaux de sable et fonçait dans les grosses vagues. Aujourd'hui, elle écrit des livres pour les jeunes, dont la série *L'autobus magique*. Elle a gagné en 1991 le prix du *Washington Post* et de la Chidren's Book Guild pour l'ensemble de son œuvre. Elle a déjà été enseignante et réviseure, mais maintenant, elle se consacre à temps plein à l'écriture et vit au Connecticut avec son mari et sa fille.

Quand il était jeune, *Bruce Degen* jouait sur la plage de Coney Island (près de New York). Et quand sa mère lui criait de sortir de l'eau, il faisait toujours mine de ne pas l'entendre. Depuis cette époque, M. Degen a eu l'occasion de visiter d'autres plages et des aquariums pour se familiariser avec les poissons qu'il a dû dessiner dans ce livre. Il est devenu ami avec un éléphant de mer du Nord. Il a illustré plus d'une vingtaine de livres pour enfants et vit au Connecticut avec sa femme et ses deux fils.